AF453702

# حفريات الفسطاط

## (مجموعة المناظر الفتوغرافية)

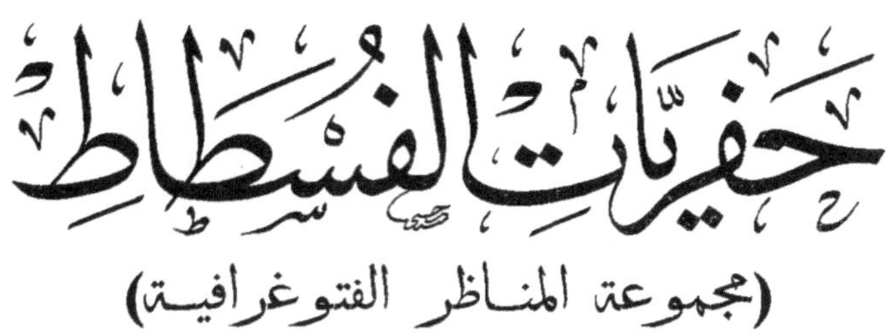

# FOUILLES D'AL FOUSTÂT
## (Album de photographies)

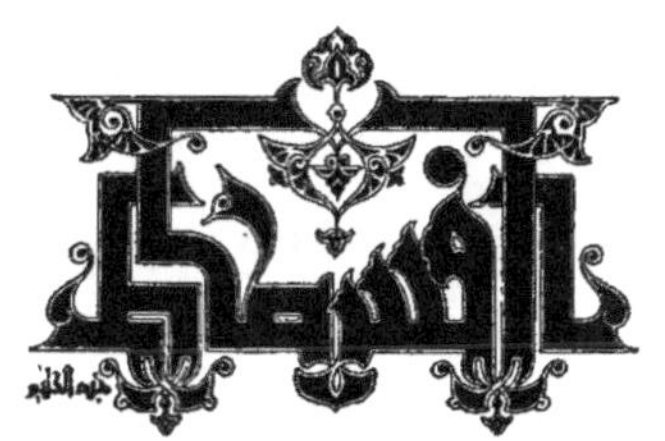

[ الطبعـــة الأولى ]

مطبعة دار الكتب المصرية بالقاهرة

١٣٤٧ ه‍ — ١٩٢٨ م

مناظر فتوغرافية عن أعمــال الحفر بالفسطاط

# VUES PHOTOGRAPHIQUES DES FOUILLES D'AL FOUSTAT.

اللوحة الأولى — منظر الفسطاط مأخوذ من كوم غراب، فى صدره بقايا الكيان . ووراء ذلك ، الموقع الذى تم فيه التنقيب . وفى الجوف، المقطم والقلعة ومدرسة السلطان حسن على بعد .

PL. I. — Vue d'ensemble du site d'al Foustât prise de kôm Ghoûrab. Au premier plan, restes des collines de décombres; à l'arrière-plan, apparaît la partie fouillée; enfin, au fond, la colline du Mokattam, la Citadelle et la silhouette de la mosquée de Sultan Hassan.

اللوحة الثــانية — (١) نقل الســباخ المستخرج من موقع الحفر، على ظهور الجمـال . (٢) إحدى منــاطق الحفر بكوم غراب، تخللها جدران اكتشفت مبنية بالآجر . وعلى اليسار عمال يغربلون التراب، لفصــل الســباخ، وفرز القطع الأثرية .

PL. II. — 1. Le transport, à dos de chameau, du sabakh extrait des fouilles.

2. Aspect d'une partie de la fouille, à Kôm Ghoûrab. On observera les murs de briques déjà dégagés; à gauche, les ouvriers criblent la terre pour séparer le sabakh des parties inuti-lisables. Cette opération permet en même temps de retrouver les menus objets anciens.

اللوحة الثــالثة — صورة المنــاطق الجارى فيها الحفر، مأخوذة من ـ الطيارة ( بمعــرفة فرقة الطيران الإنجليزية ، فى ينايرسنة ١٩٢٠ ) ، ويرى فيهــا : (١) تخطيط الطرق، ومنظر البساتين المجاورة لقصر الشمع ( بأعلى اللوحة على اليسار) ، وجامع عمرو ( على اليمين ) ، والمحاجر أســفل ذلك . (٢) جامع عمــرو ( بأعلى اللوحة على اليسار ) ، وأبنية ـبعــة لشركة السباخ ( على اليمين ـ بأعلى اللوحة ) ، وهى فى وسط منطقة من أهم المنــاطق ، تحول دون التنقيب فيها .

PL. III. — Vues de la fouille prises en aéroplane (service de l'aviation anglaise. Janvier 1920).

1. On voit se dessiner le réseau des rues. En haut, à gauche, les masses de verdure corres-pondent aux jardins attenant à l'est à Kasr ach Cham'. En haut, à droite, la mosquée de 'Amr. En bas, les carrières de pierre.

2. En haut à gauche, mosquée de 'Amr; en haut à droite, groupe des bâtiments de la Société Manure C°. On voit que ces constructions sont situées au centre d'une région des plus in-téressantes et qu'elles s'opposent à toute recherche sur ce point.

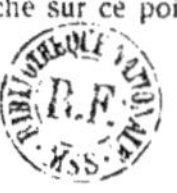

اللوحة الرابعة — منظر مأخوذ بالطيارة من إحدى مناطق الحفر، يبين حالة الأعمال، وهيئة الأرض، فى سنة ١٩١٨ والحفر الكبيرة التى على اليمين محاجر .

PI. IV. — Vue d'une partie des fouilles, prise en aéroplane, et montrant l'état des travaux et la physionomie du terrain en 1918. Les importantes excavations de la partie droite correspondent aux carrières de pierre.

اللوحة الخامسة — (١) منظر مأخوذ من فوق الكيمان، المشرفة من الجهة الغربية على عين الصيرة . وهى التى ترى فى الشكل التالى « ٢ » ، وفى الجوف المنفطم ، والقامة ، والمجراة « العيون » ، وبسفح المرتفعات البساتين .

(٢) الكيمان المشرفة من الجهة الغربية على عين الصيرة ، تشاهد فيها الحفائر التى تخللها ، وهى تدل على المواقع التى كان ينقب فيها عن الآجر لجمعه .

PL. V. — 1. Vue prise du haut des collines qui dominent à l'ouest 'Aïn as Sirat et que représente la figure suivante, 2. Au fond, la hauteur du Mokattam, la citadelle, et l'aqueduc. Au pied des hauteurs, l'agglomération d'al Basatin.

2. Collines précédemment citées, vues de l'ouest. On observera les entonnoirs dont elles sont parsemées et qui montrent les emplacements exploités par les chercheurs de briques.

اللوحة السادسة — منظر القسم المتوسط من موقع الحفر .

PL. VI. Vue de la partie centrale des fouilles.

اللوحة السابعة — (١) منظر الفسطاط مأخوذ من فوق الكيمان المشرفة من الجهة الغربية على عين الصيرة (اللوحة الخامسة ٢) ، يرى فيه فى الجوف وادى النيل ، وأهرامات الجيزة والطرق التى تسير فيها العربات الحاملة للسباخ، والحجر الوارد من المحاجر .

(٢) الدار الأولى مرسومة من الجهة الجنوبية الغربية مع الحوش B ، والغرف m و n و o و p و w .

PL. VII. — 1. Vue d'ensemble du site de Foustât, prise du sommet des collines représentées plus haut (Pl. V, 2). Au fond la vallée du Nil, avec les pyramides de Djizat. On observera les routes dont le terrain est sillonné et que parcourent les voitures transportant le sabakh et les pierres extraites des carrières.

2. Maison I. Vue prise du sud-ouest. Cour B, pièces *m*, *n*, *o*, *p*, *w* …

اللوحة الثامنة — (١) فتحة مجرور . (٢) الدار الأولى مع الحوش A وفسقيته .

PL. VIII. — 1. Ouverture servant à la vidange d'une fosse.

2. Maison I. Cour A et sa fiskîyat.

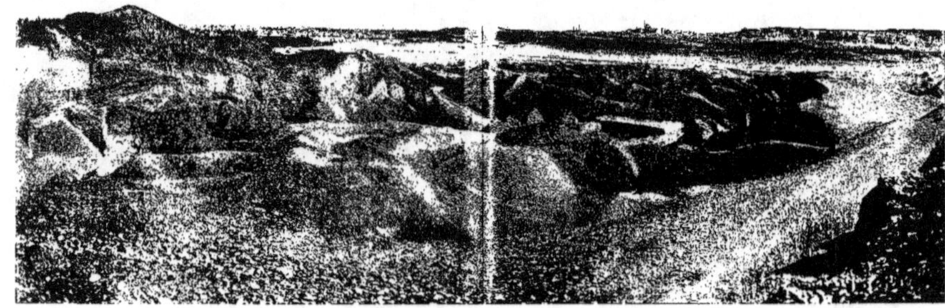

Vue générale du Fousțâț prise de Kôm Ghourâb. — منظر عام للفسطاط مأخوذ من كوم غراب

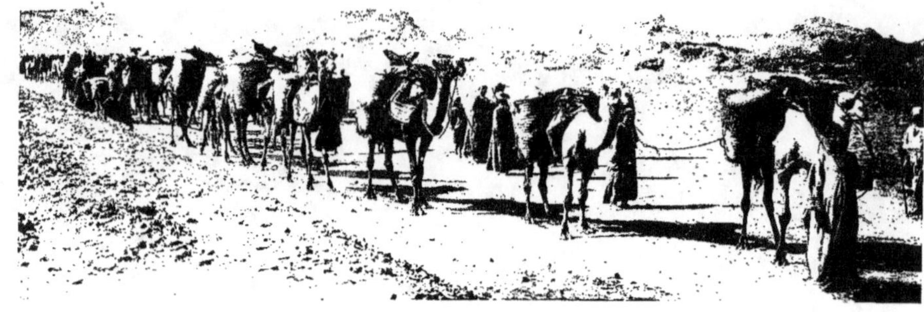

Transport du sabakh à dos des chameaux. — جمال تنقل السبخ

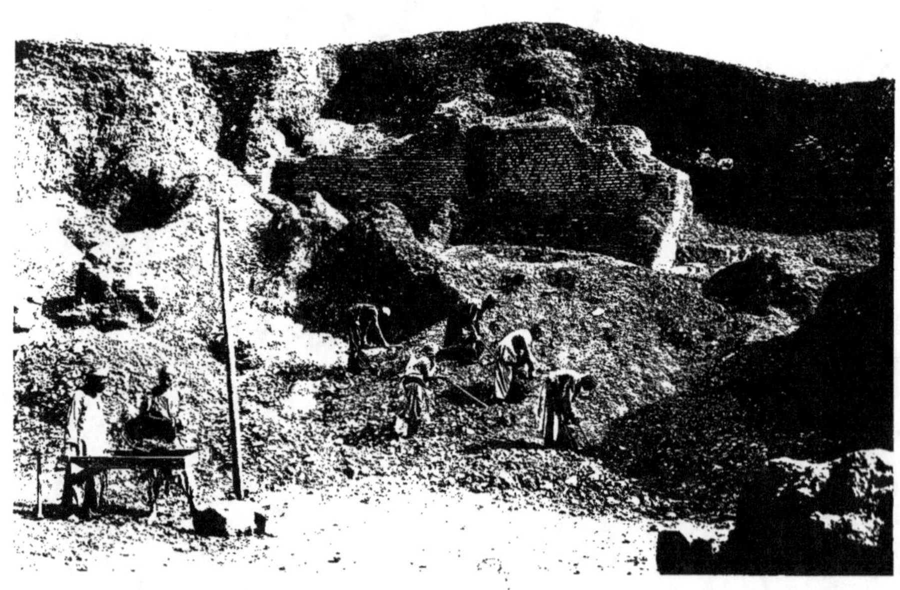

Fouilles à Kôm Ghouráb. — بعض مناطق الحفر بكوم غراب

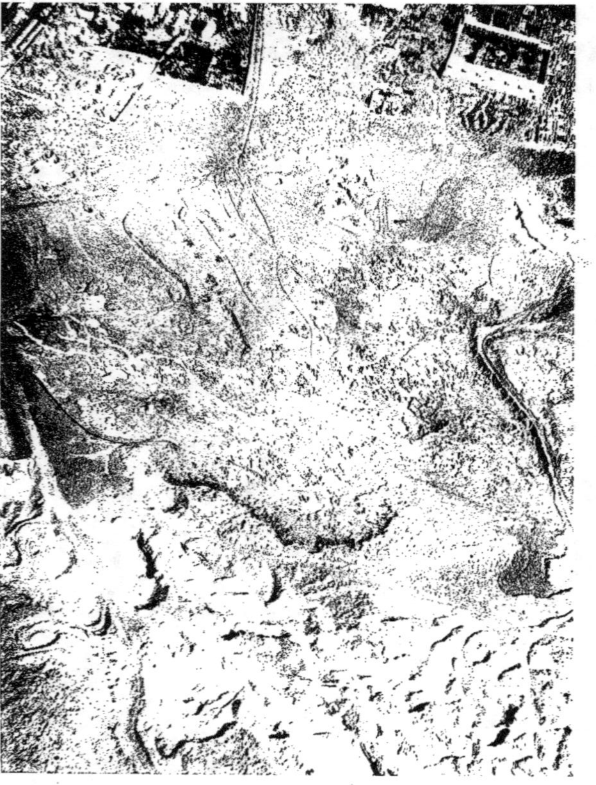

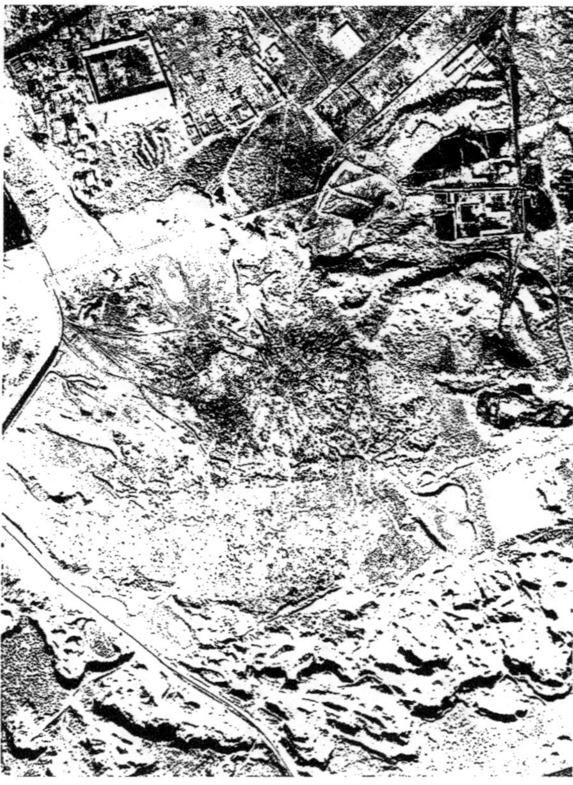

Vues des fouilles prises en aéroplane en 1920.

مناطق الحفر، مصورة بالطيارة سنة ١٩٢٠.

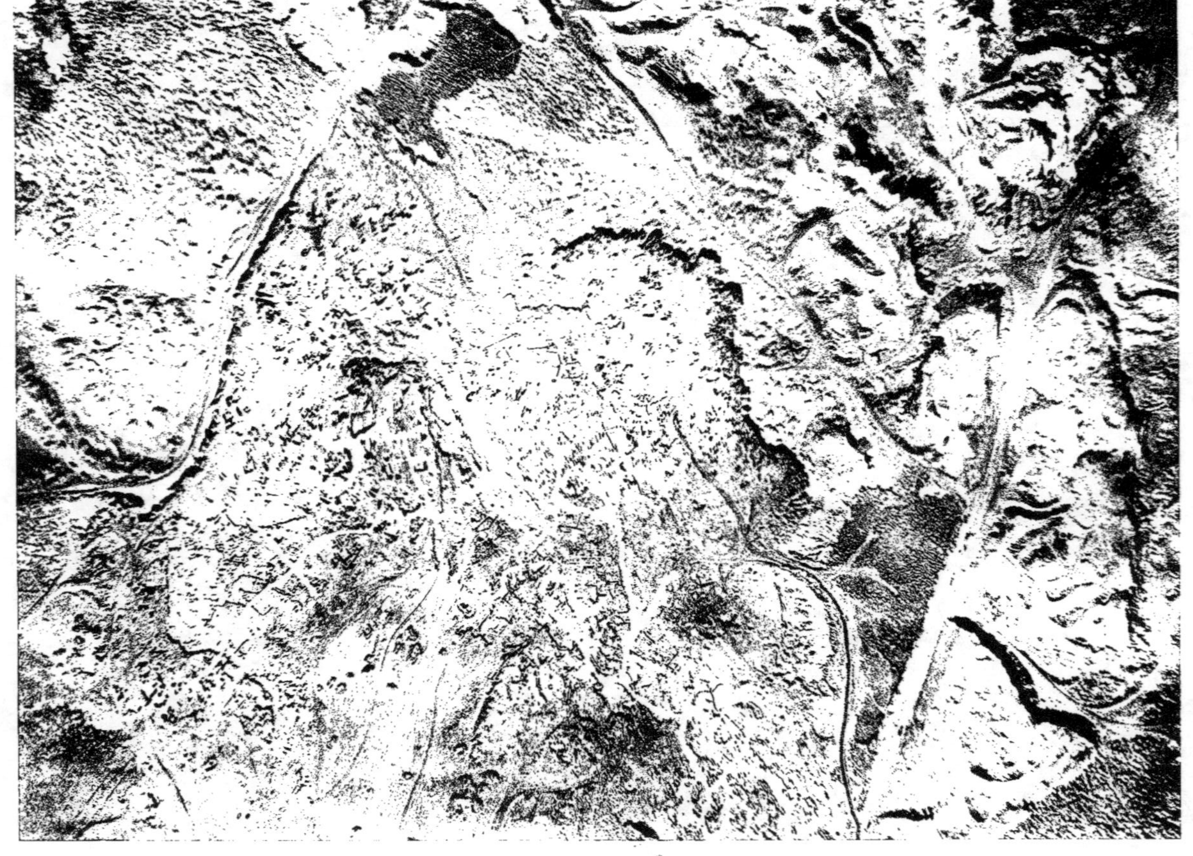

قسم من مناطق الحفر مصورة بالطيارة سنة ١٩١٨

Vue d'une partie des fouilles prises en aéroplane en 1918.

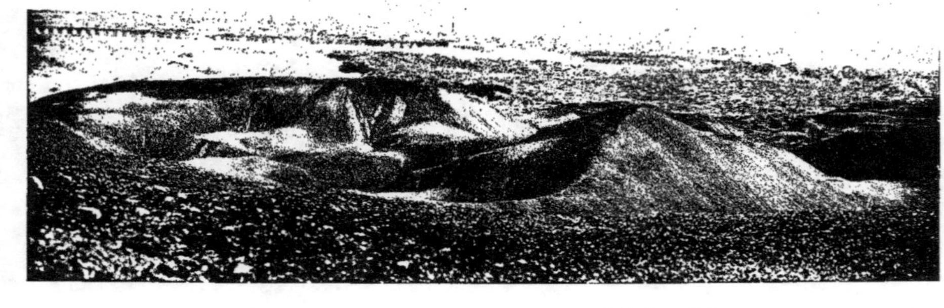

Vue de l'aqueduc et du cimetière méridional.     منظر المجرى والقرافة القبلية

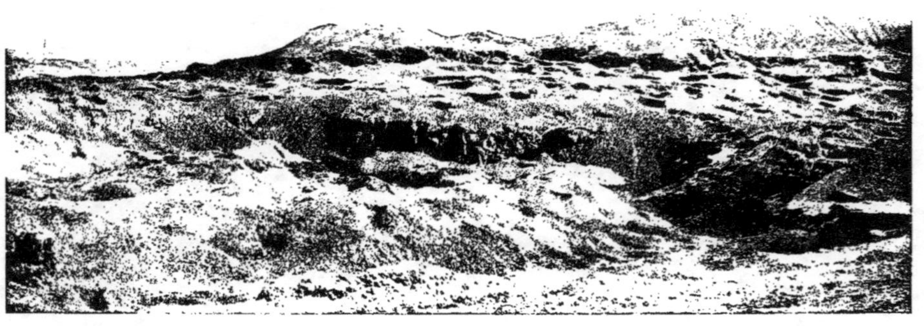

Collines qui dominent Aïn-as-Sira.     التلال المشرفة على عين الصيرة

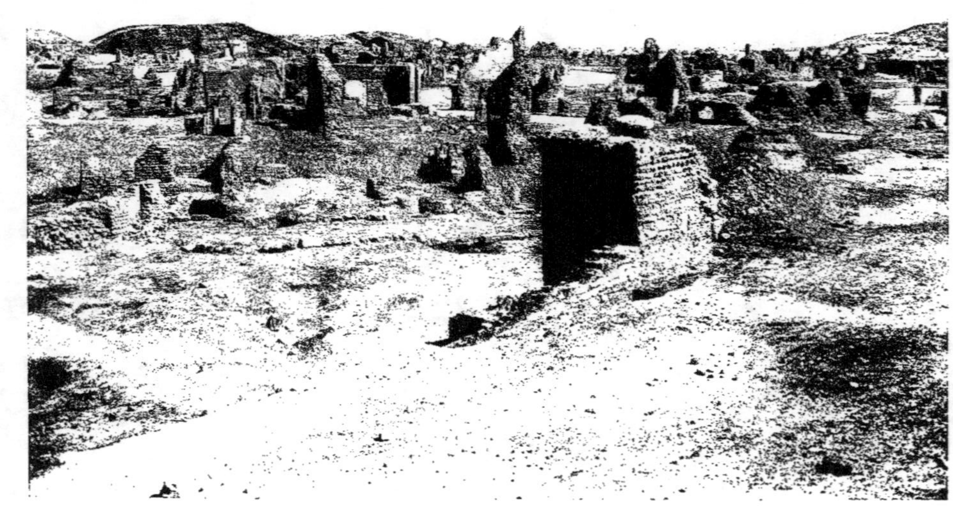

Vue de la partie centrale des fouilles. —  منظر القسم الاوسط من موقع الحفر

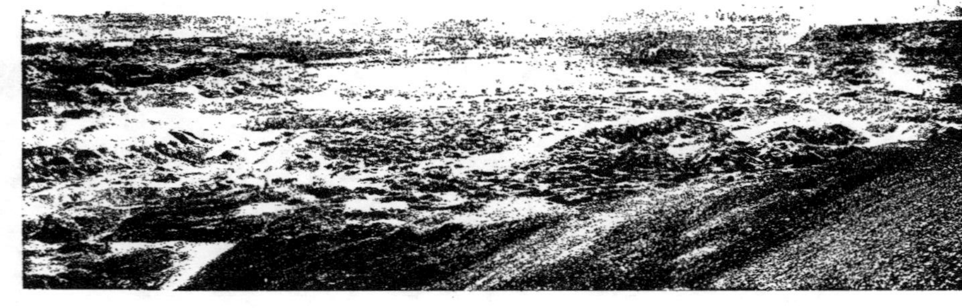

Vue d'ensemble du site du Foustât. — منظر عام عن موقع الفسطاط

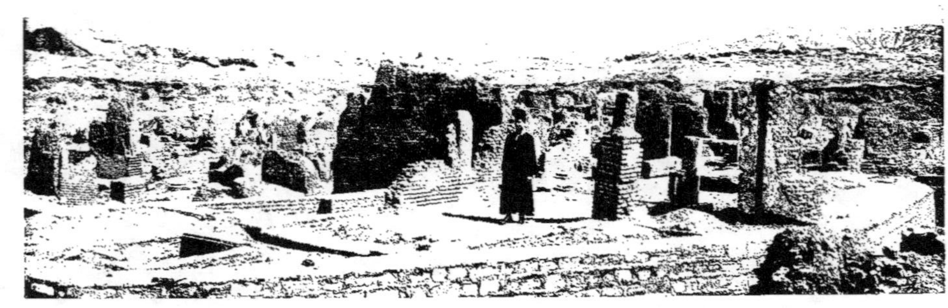

Vue de la maison I. — منظر الدار الأولى

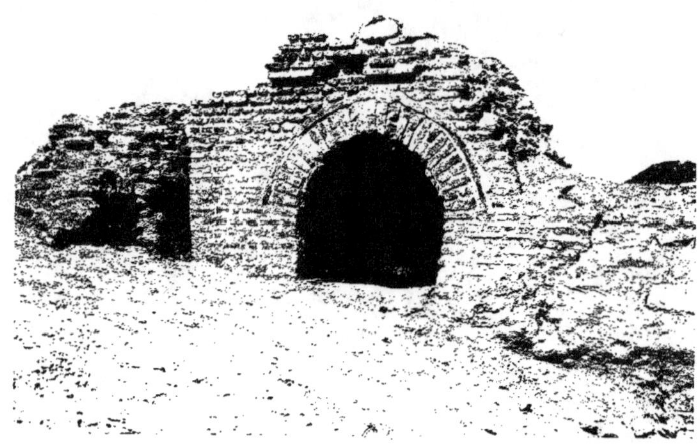

Ouverture d'un égout. —  فتحة مجرور

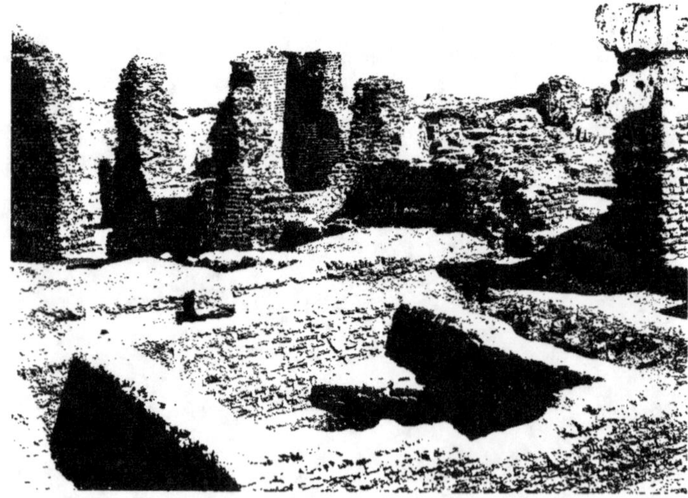

Cour de la  maison I. —  حوش الدار الأولى

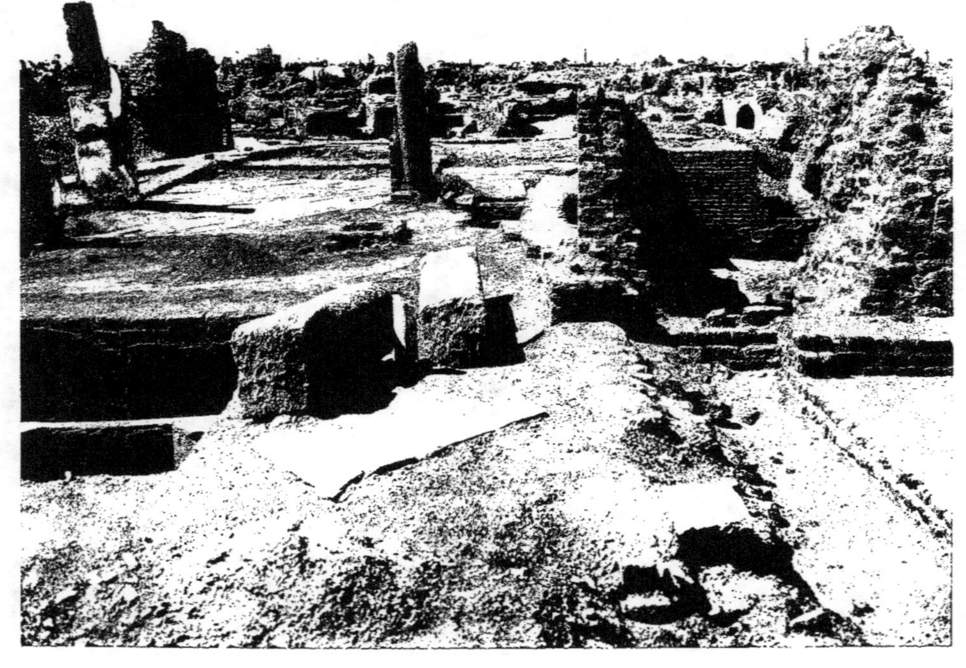

Autre cour de la maison I. —‏ حوش ثان من الدار الأولى

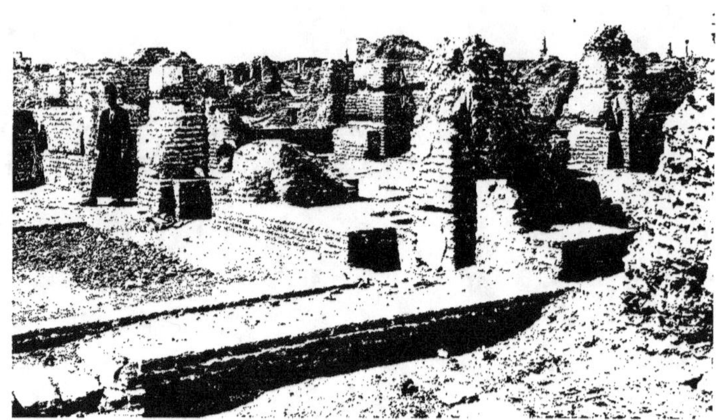

Vue de la maison II. — الدار الثانية

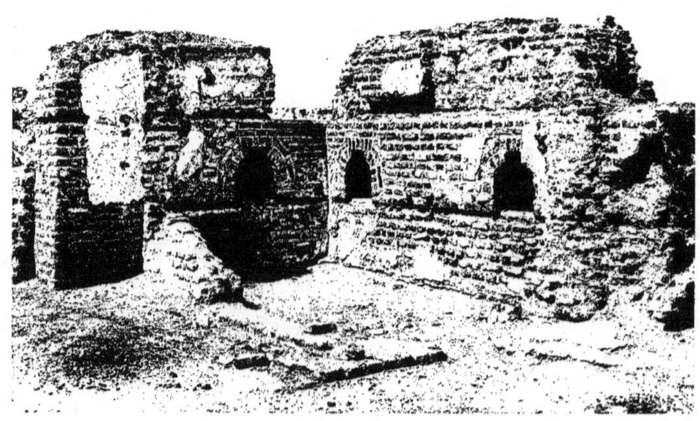

Détails d'une salle de la maison II. — تفاصيل قاعة من الدار الثانية

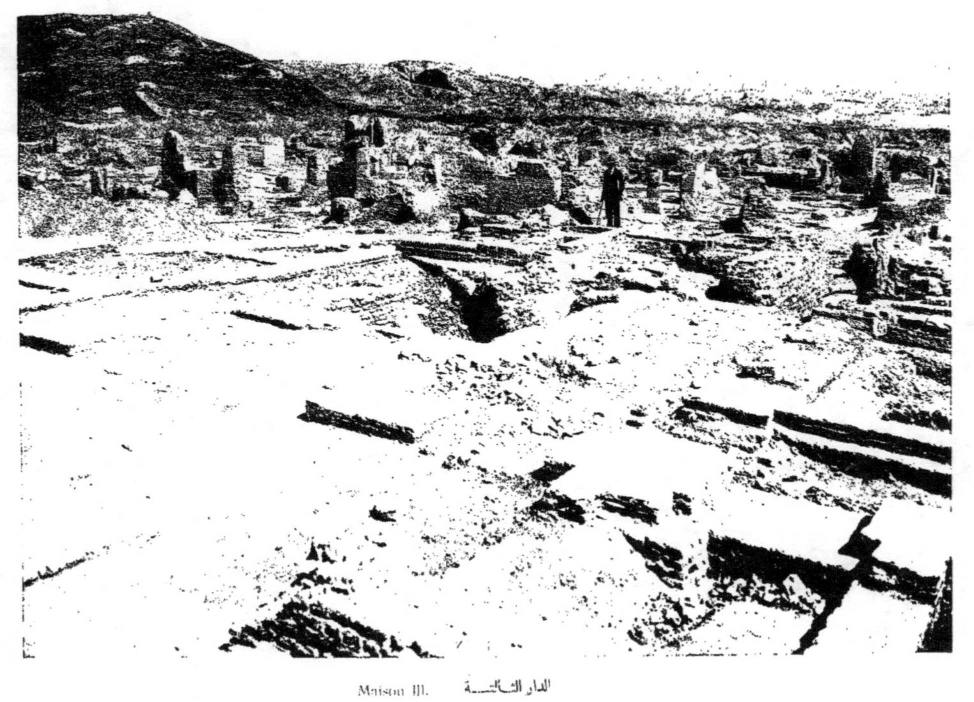

الدار الثـالثـــة     Maison III.

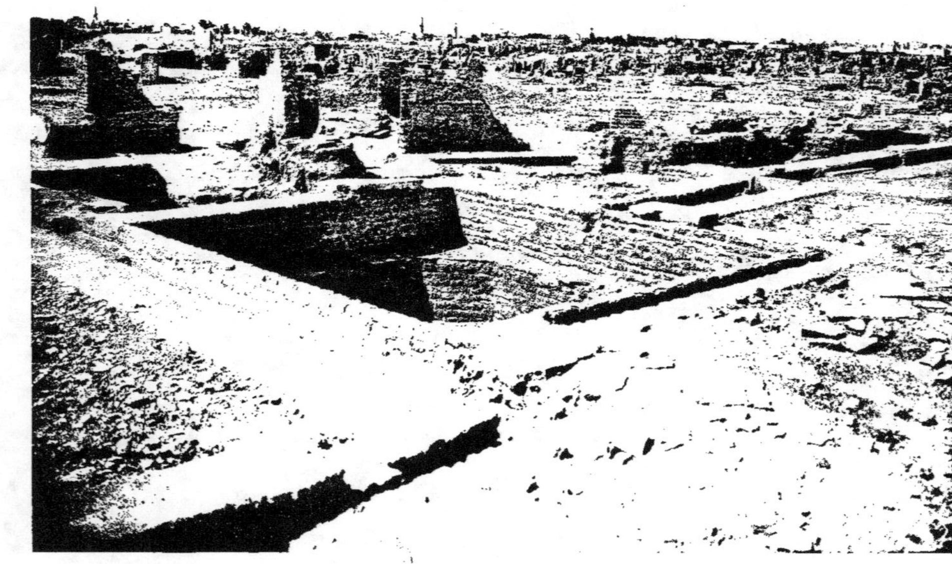

Maison VI. — الدار السادسة

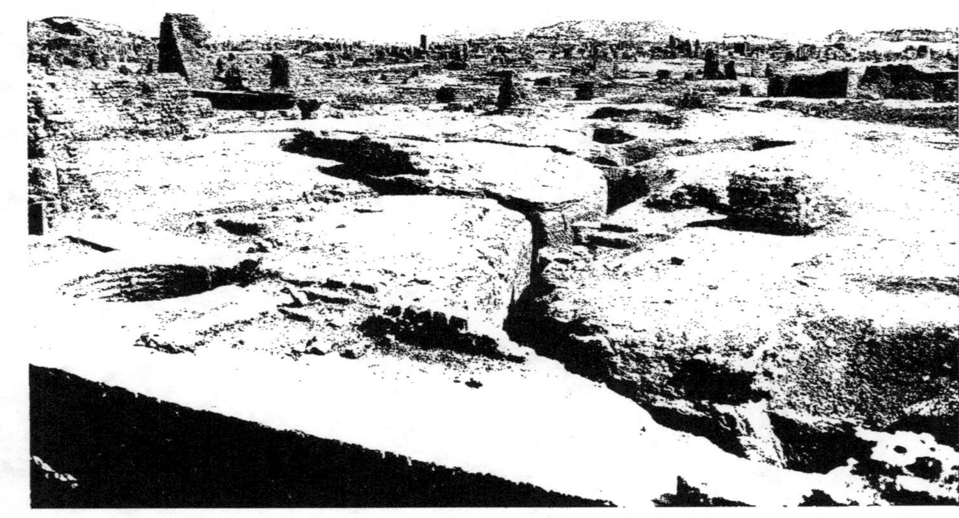

Aspect des travaux d'assainissements.　　منظر الأعمال الصحية

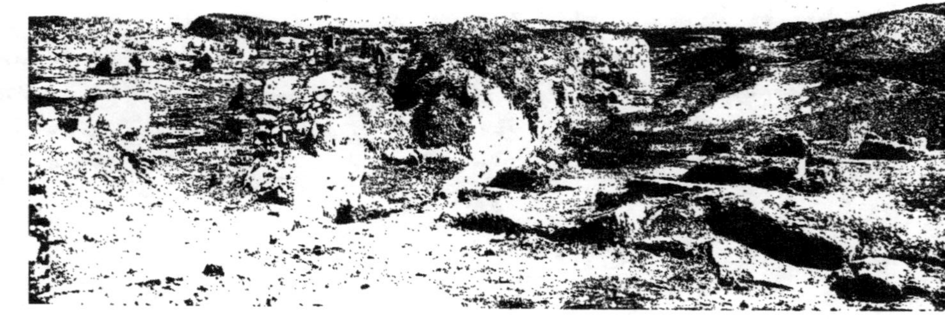

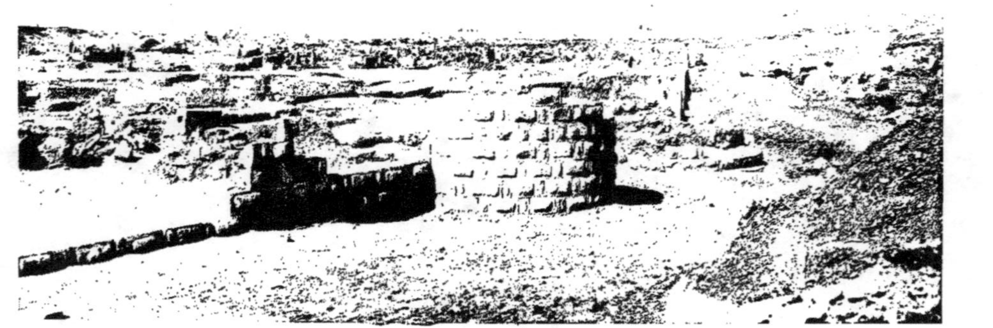

Mur de Saladin. — سور صلاح الدين

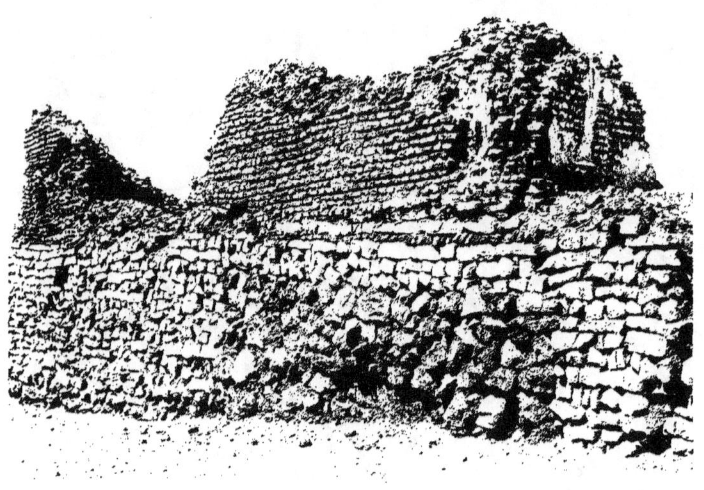

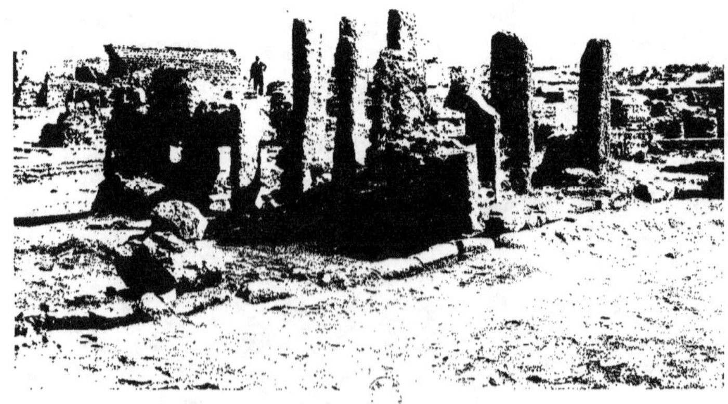

Détails de construction. تفاصيل من الأبنيه

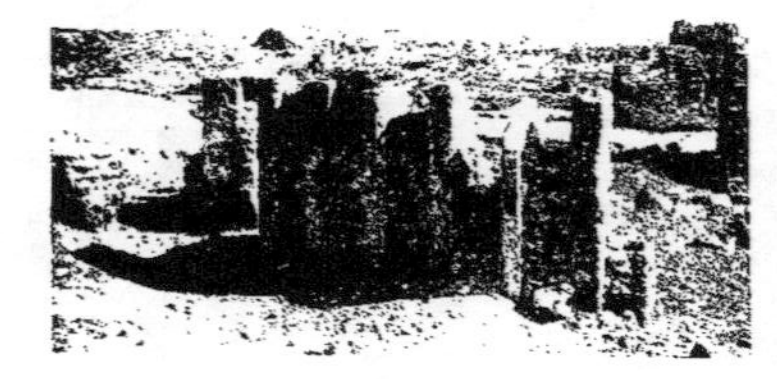
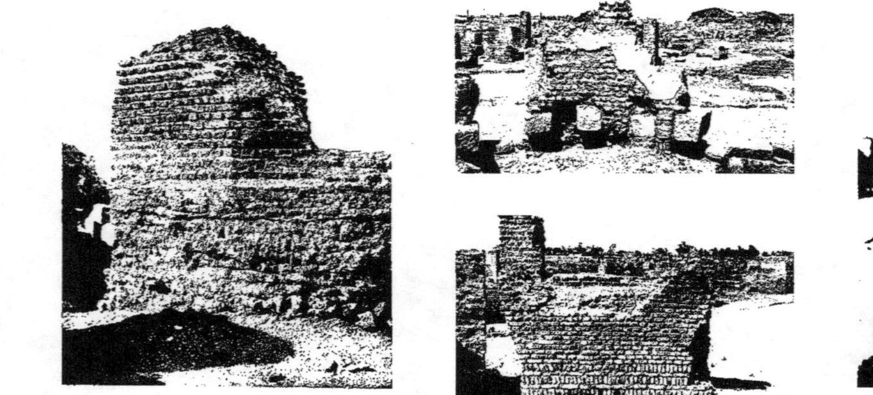
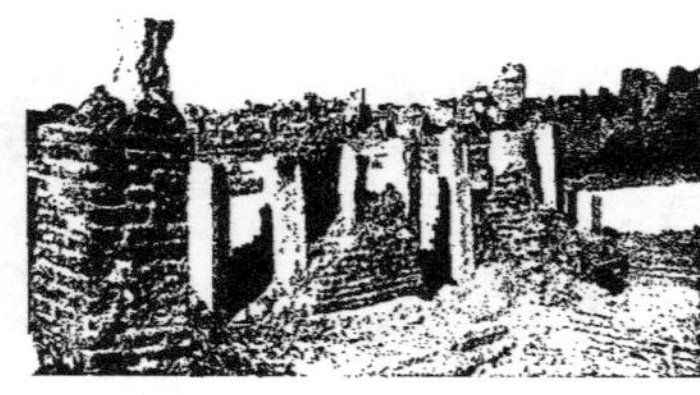
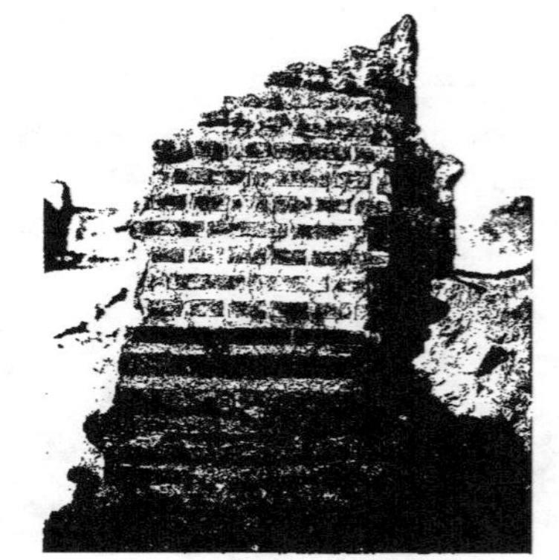
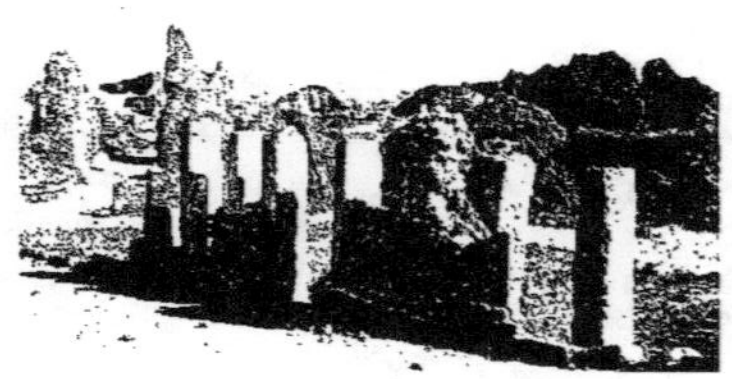

Détails de constructions. -- نماذج من الأبنية

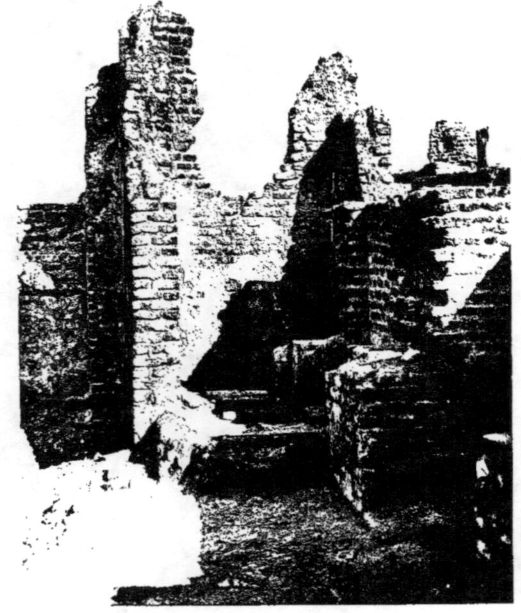

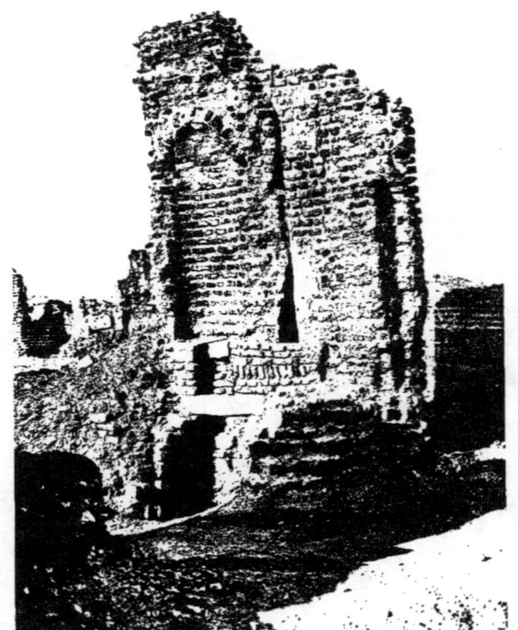

Latrines. — مراحيض

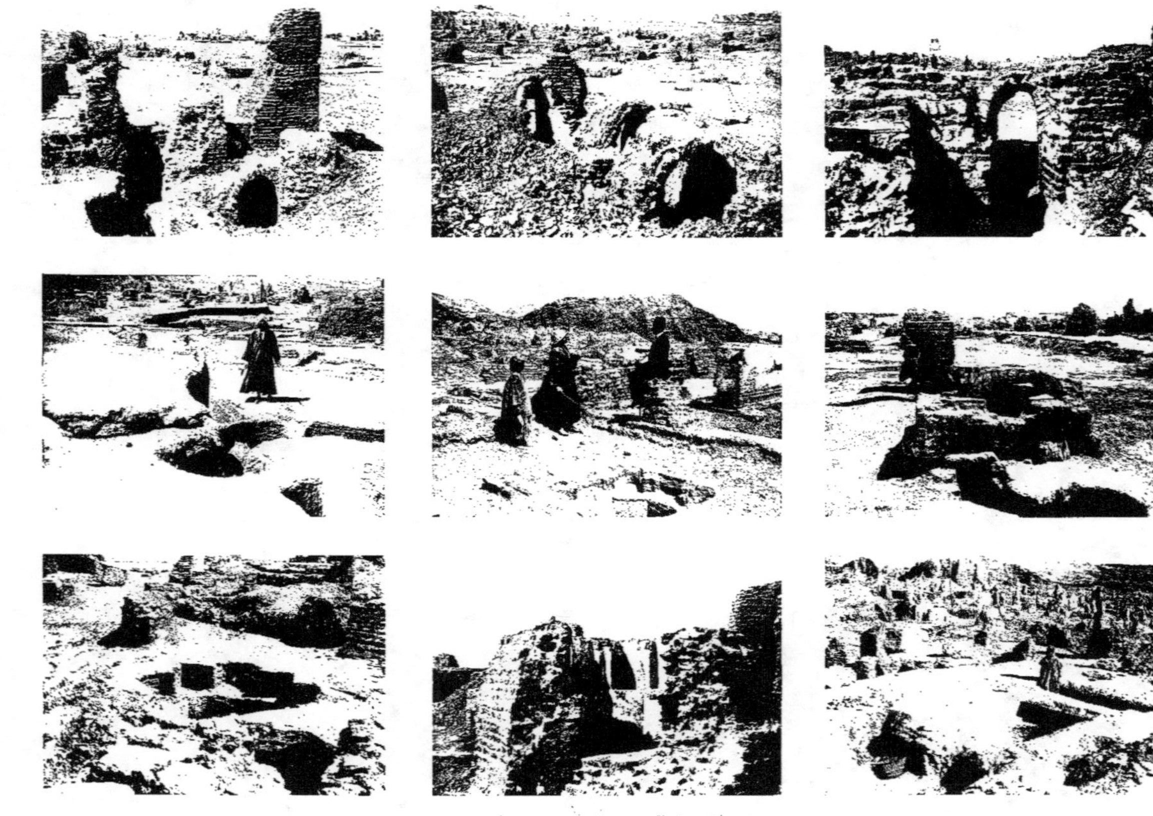

Égouts et bassins. ---  لجاري ر وفساقي

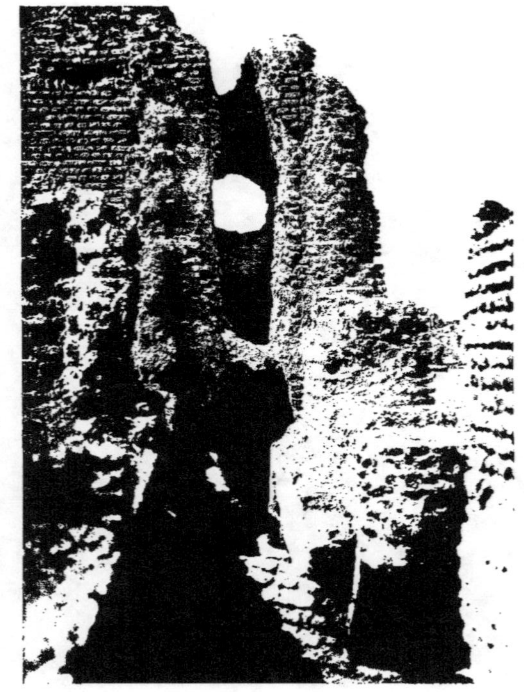

Conduite d'évacuation. ... قصبة دورة مياه

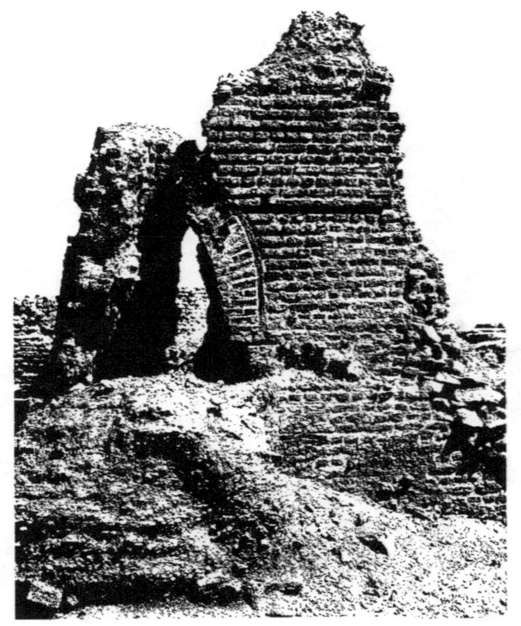

Détails de maçonnerie. -- تفاصيل أبنية

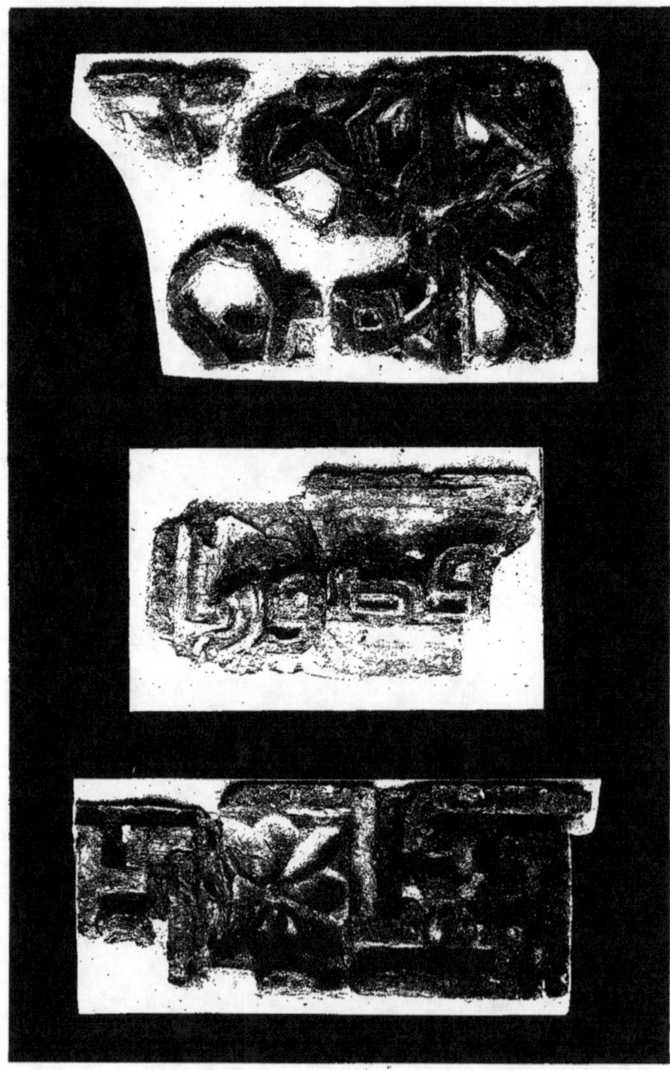

Fragments décoratifs. —  زخارف منوعة

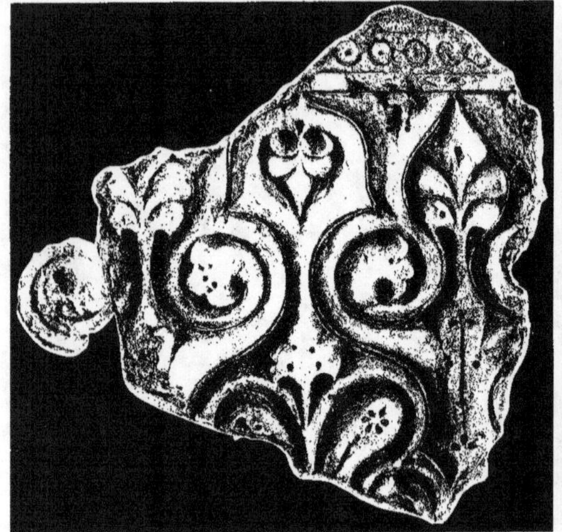 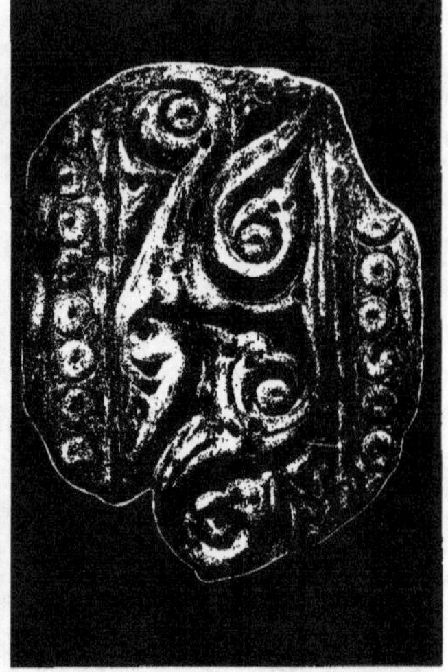

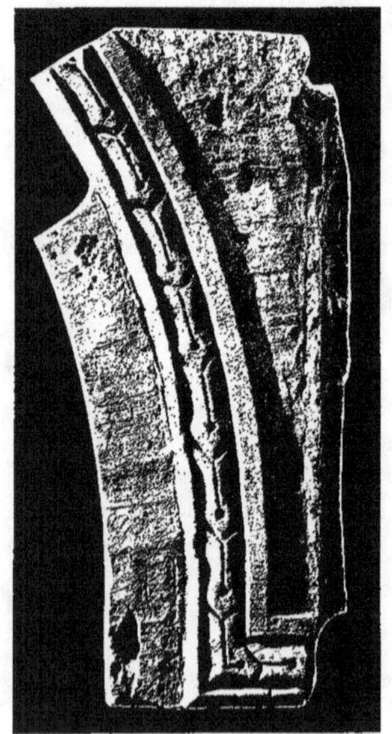 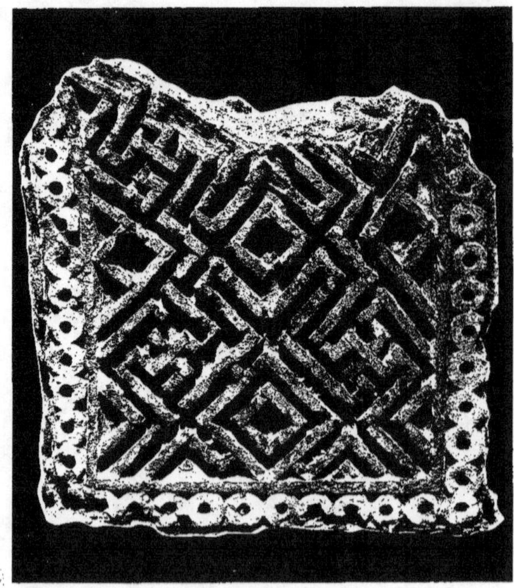

Revêtements en plâtre. — زخرفة بالجص

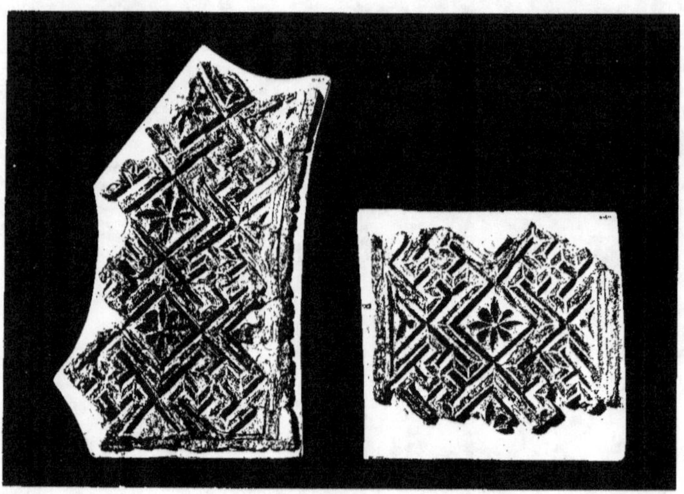

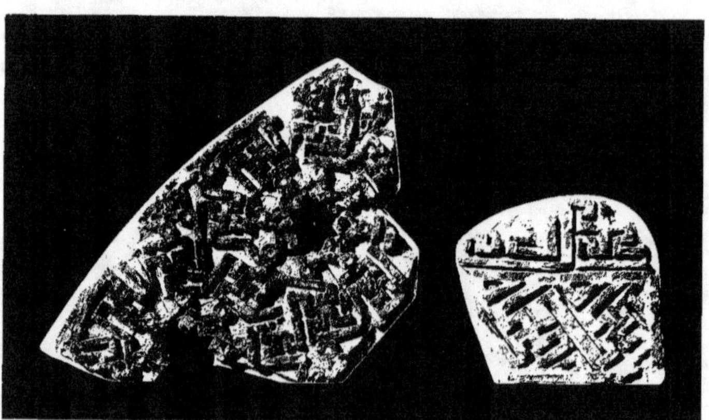

Fragments Décoratifs. — نمـاذج زخارف

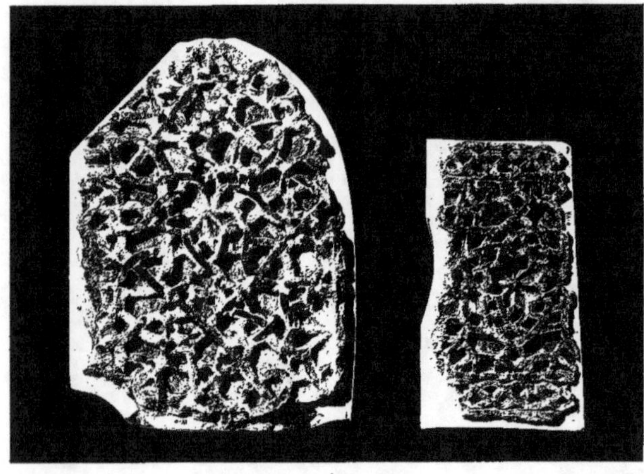

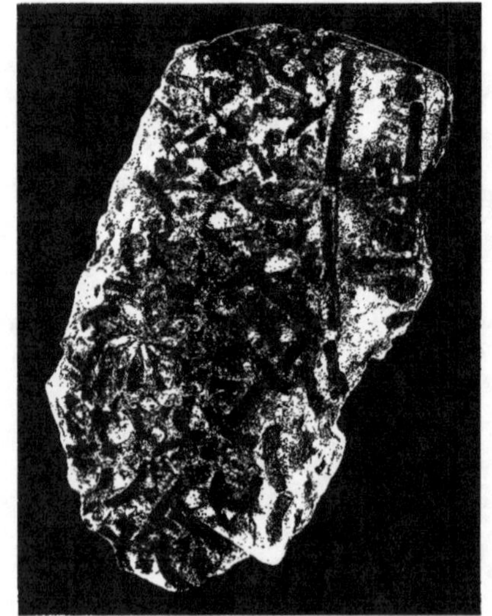

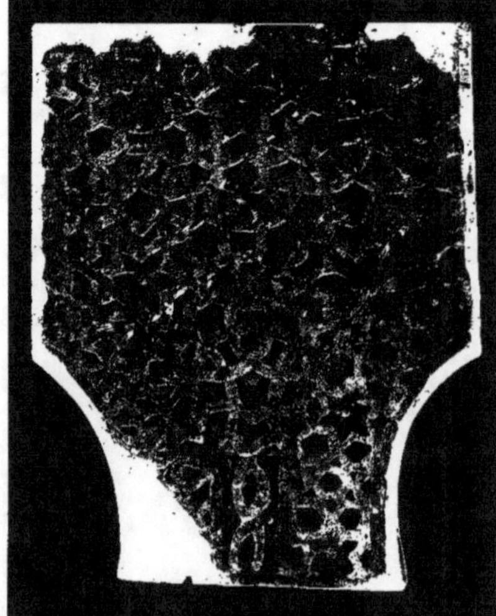

Fragments Décoratifs. — نمـاذج زخارف

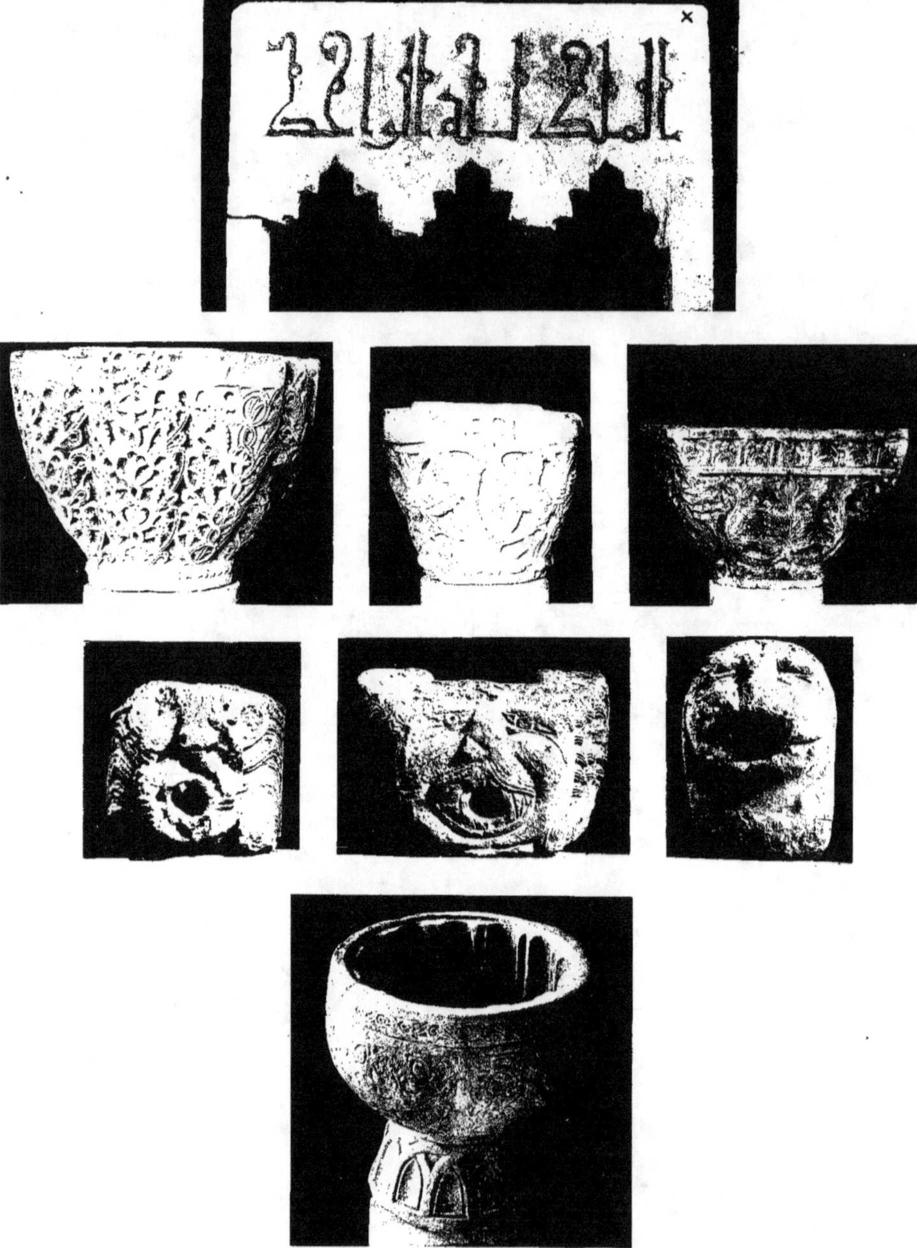

Objets en pierre et marbre. — نماذج مصنوعات بالحجر والرخام

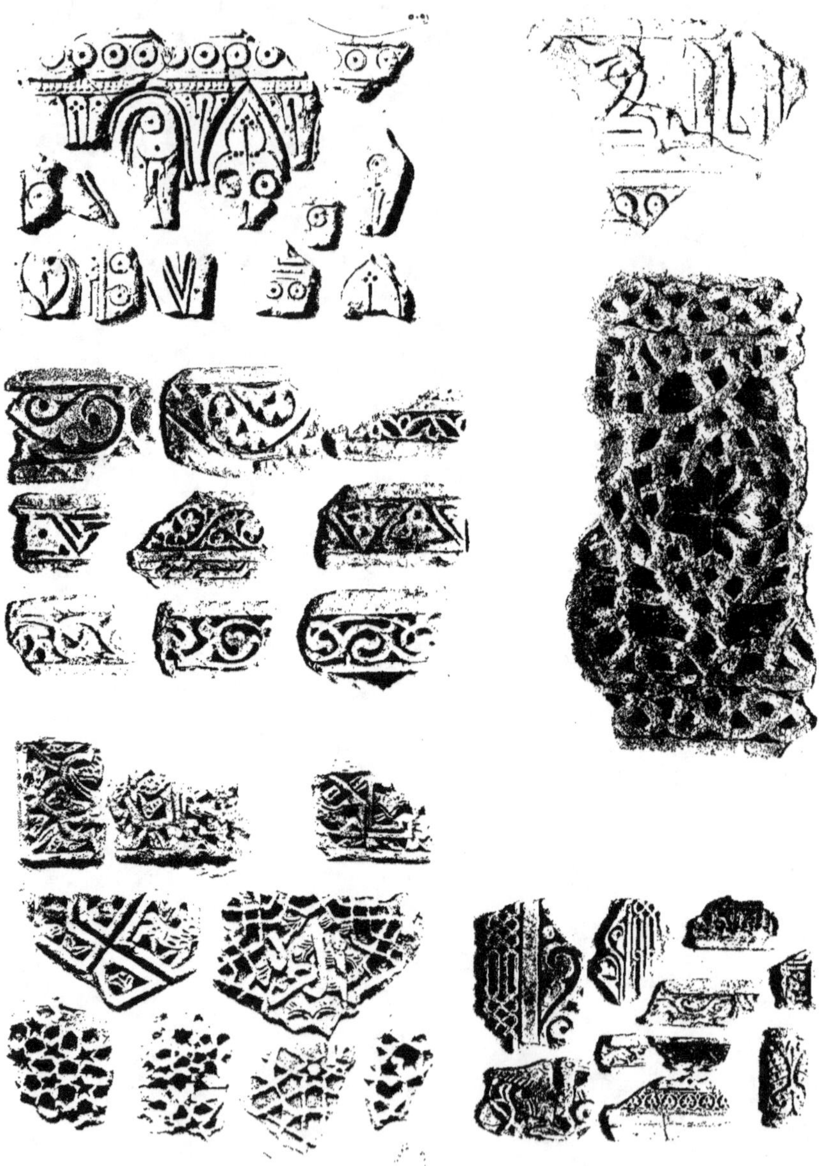

Fragments de stucs. —　زخارف من الجص

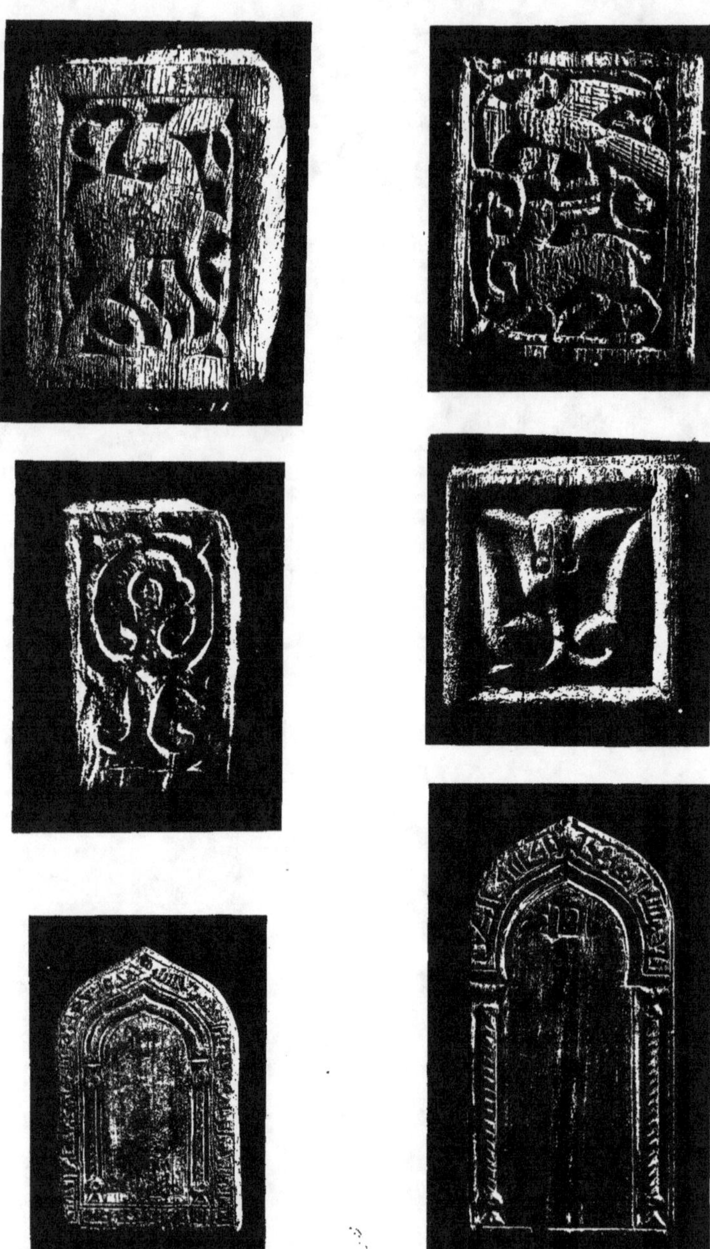

Fragments de bois sculptés. — مصنوعات من زخرفة من الخشب

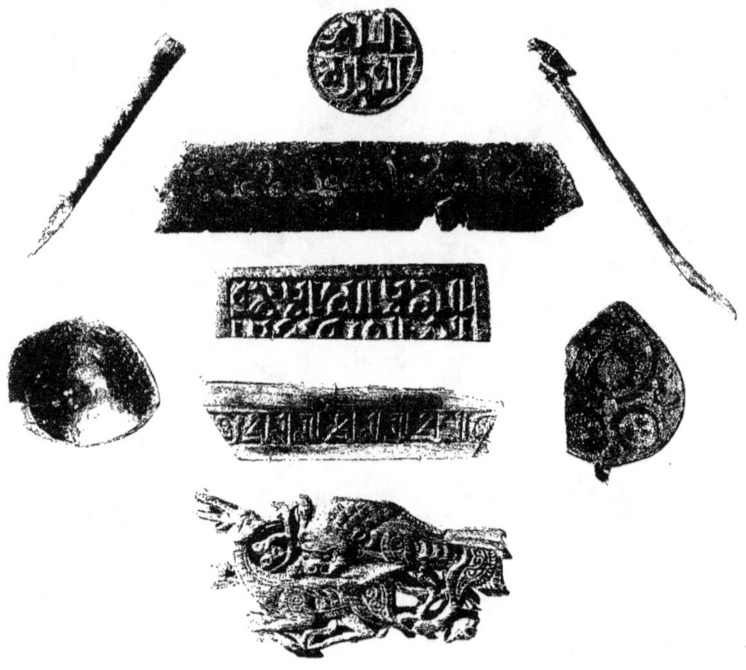

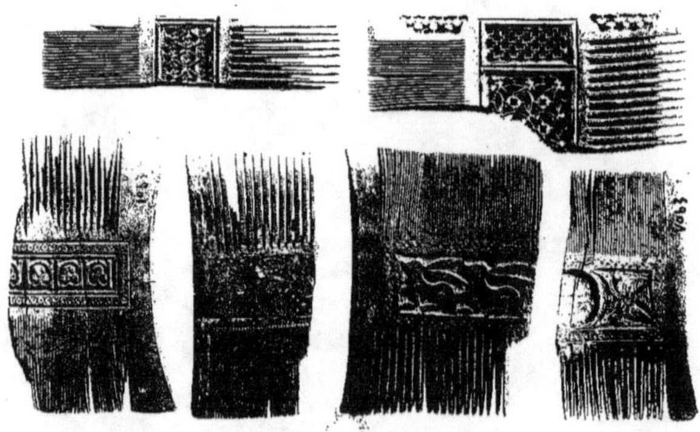

Fragments de bois sculptés. — ‏مصنوعات من الخشب المنقوش

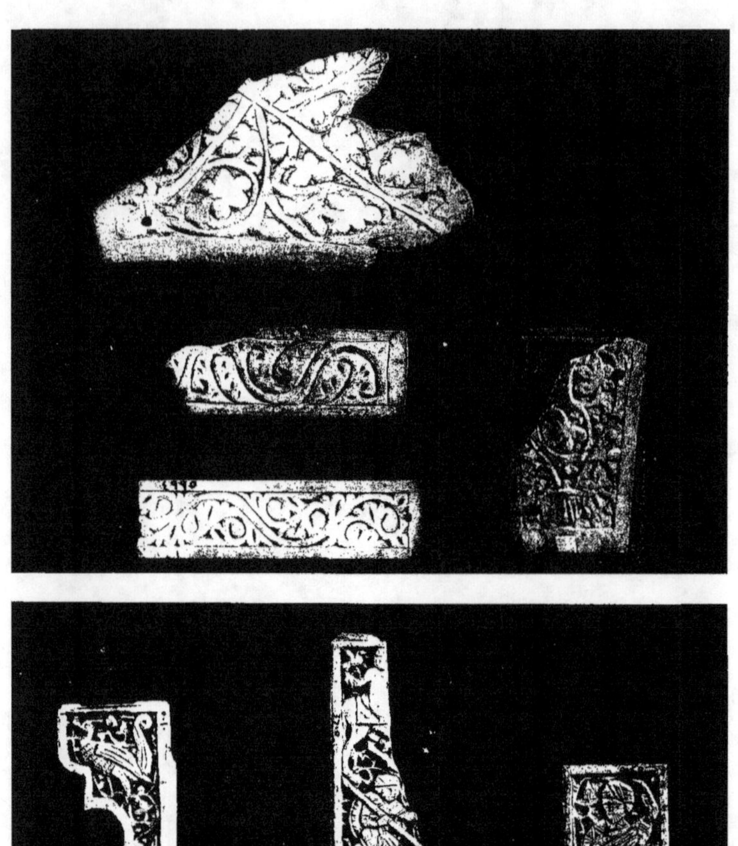

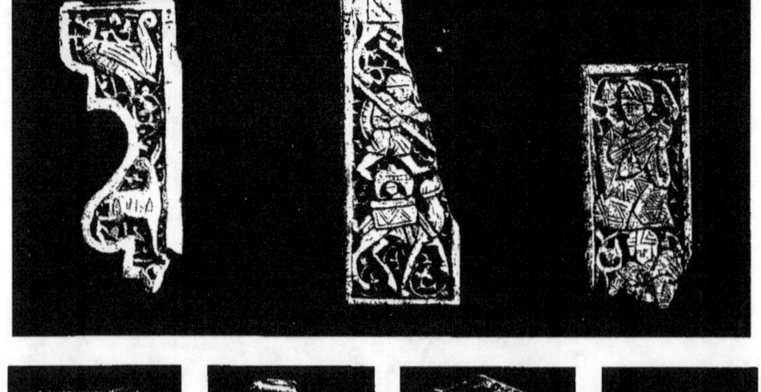

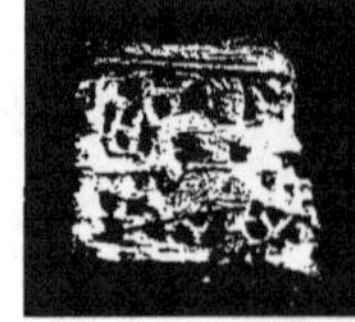
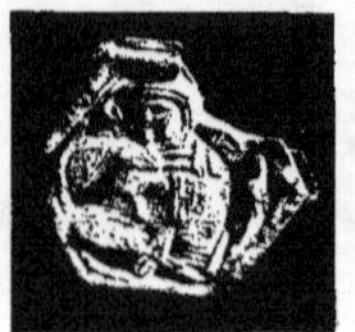
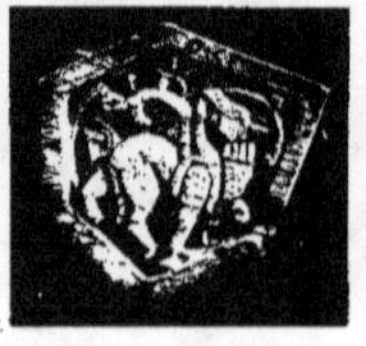
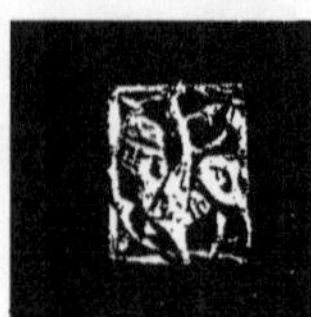

Fragments d'os et d'ivoire. — قطع مزخرفة من العظم والعاج

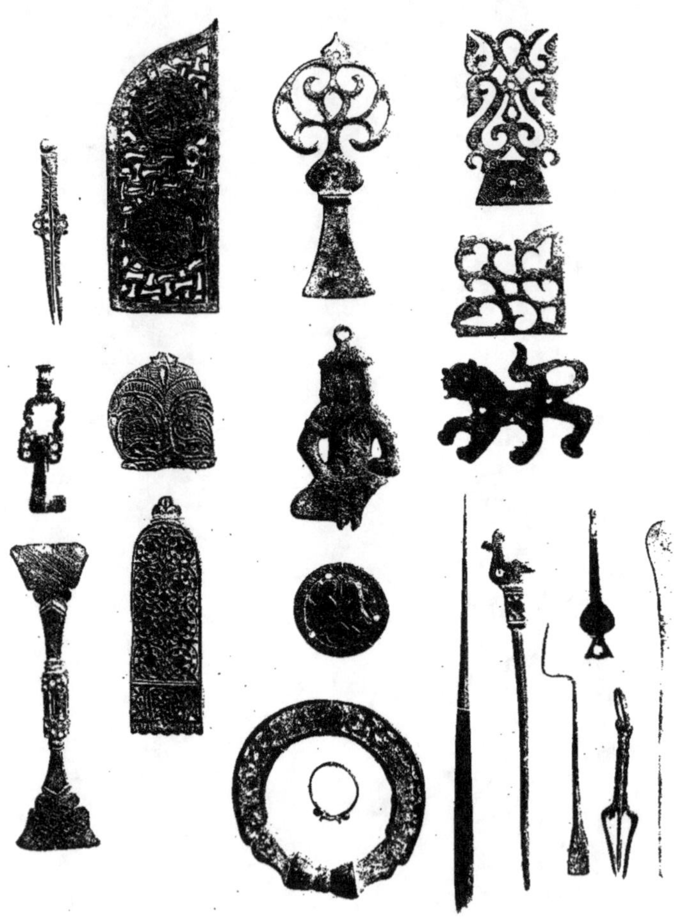

Objets en cuivre. ... مصنوعات من النحاس

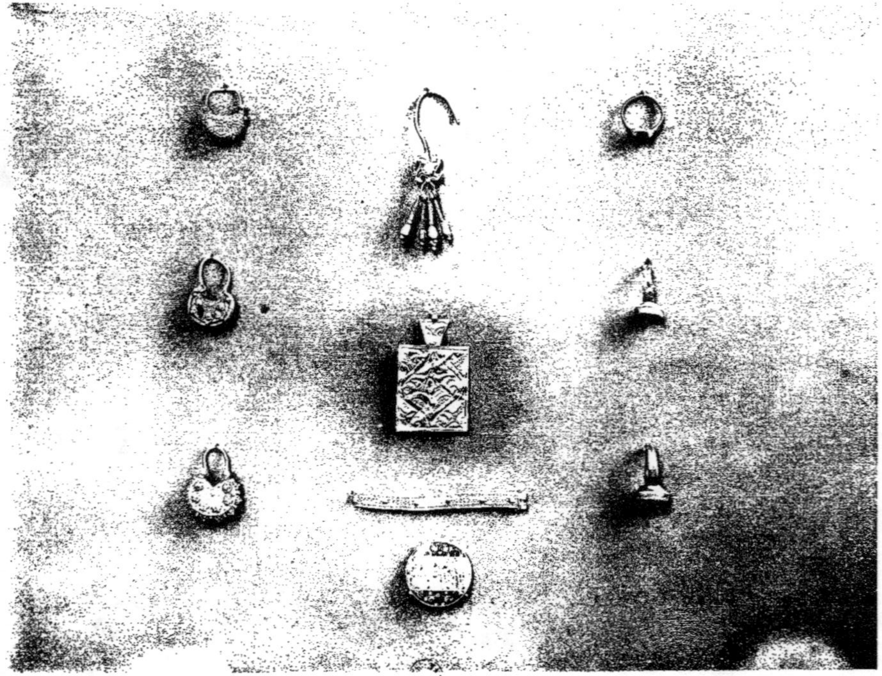

Objets en or. —  مصنوعات من الذهب

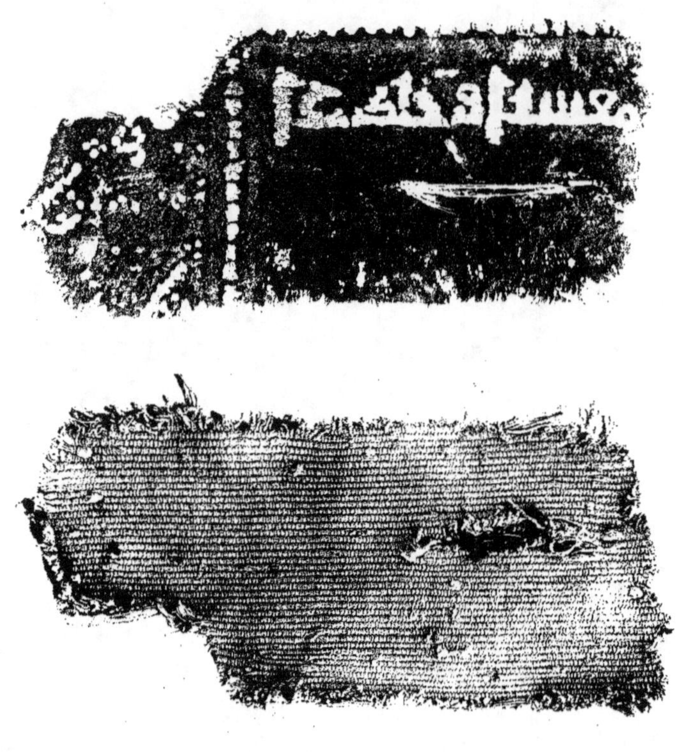

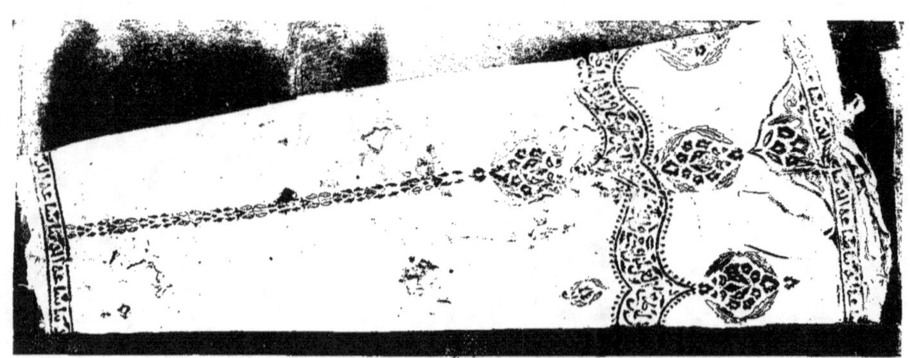

Fragments de tapis et de tissus. — قطع من سجاد ونسيج

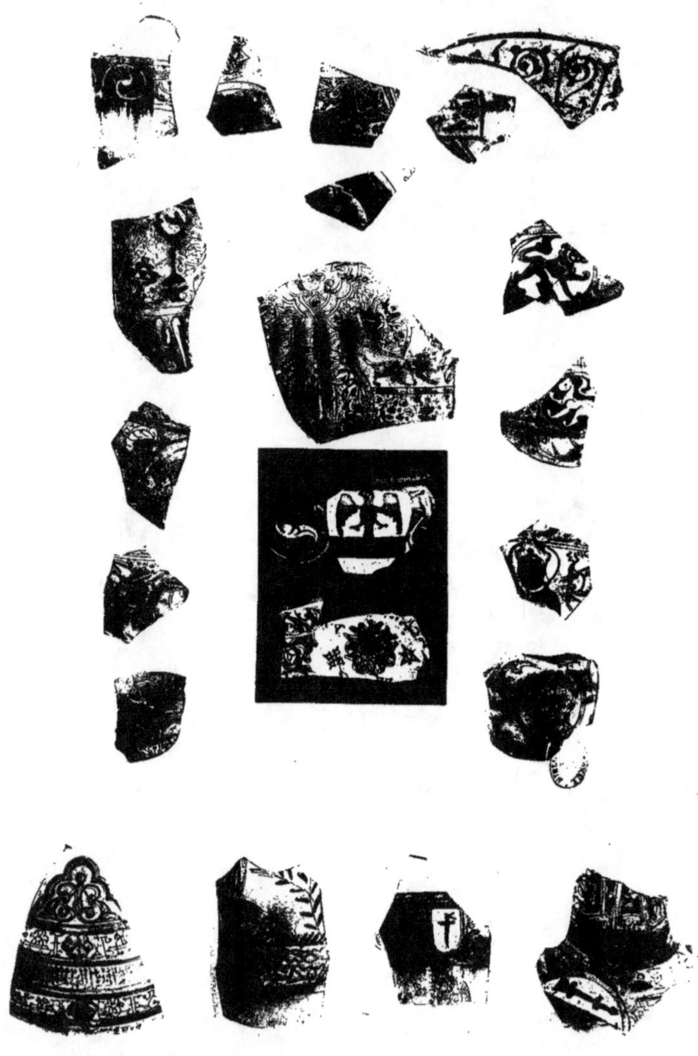

Fragments de verre émaillé. —  قطع من الزجاج المحوه بالمينا

www.ingramcontent.com/pod-product-compliance
Lightning Source LLC
LaVergne TN
LVHW022312170726
843503LV00006B/2452